BEI GRIN MACHT S
WISSEN BEZAHLT

- Wir veröffentlichen Ihre Hausarbeit,
  Bachelor- und Masterarbeit

- Ihr eigenes eBook und Buch -
  weltweit in allen wichtigen Shops

- Verdienen Sie an jedem Verkauf

Jetzt bei www.GRIN.com hochladen und kostenlos publizieren

Bibliografische Information der Deutschen Nationalbibliothek:

Die Deutsche Bibliothek verzeichnet diese Publikation in der Deutschen National-
bibliografie; detaillierte bibliografische Daten sind im Internet über http://dnb.d-
nb.de/ abrufbar.

Impressum:

Copyright © 2016 GRIN Verlag, Open Publishing GmbH
Druck und Bindung: Books on Demand GmbH, Norderstedt Germany
ISBN: 9783668423084

Dieses Buch bei GRIN:

http://www.grin.com/de/e-book/356444/werbung-kultur-und-emotionalitaet-eine-
kulturkontrastive-untersuchung

Laura Hennige

Werbung, Kultur und Emotionalität. Eine kulturkontrastive Untersuchung von Emotionalität in Wahlwerbung anhand des Werbemediums Wahlplakat

GRIN Verlag

Albert-Ludwigs-Universität Freiburg

Deutsches Seminar

Sommersemester 2016

Werbung, Kultur und Emotionalität -

Eine kulturkontrastive Untersuchung von Emotionalität in Wahlwerbung

anhand des Werbemediums Wahlplakat

im Seminar:

Sprache und Emotion

vorgelegt von:

Laura Hennige

M.A. Fremdsprache Deutsch/Interkulturelle Germanistik

4. Fachsemester

am: 10.10.2016

Inhalt

1. Einleitung

„Werbung ist die Beeinflussung („Meinungsbeeinflussung" Kroeber-Riel 1988, 29) von verhaltensrelevanten Einstellungen mittels spezifischer Kommunikationsmittel, die über Kommunikationsmedien verbreitet werden. Werbung zählt zu den Instrumenten der Kommunikationspolitik im Marketing-Mix. Durch die kostenintensive Belegung von Werbeträgermedien ist es das auffälligste und bedeutendste Instrument der Marketingkommunikation."[1]

Die Definition des Begriffs „Werbung" im Wirtschaftslexikon macht die Vielschichtigkeit des Begriffs deutlich. Es geht um ein Kommunikationsmedium, das Menschen zu einer bestimmten Handlung beeinflussen soll. Es gibt unterschiedliche Medien, über die Werbung übertragen werden kann und unterschiedliche Wirkungsweisen.

In der vorliegenden Arbeit soll vor allem der Aspekt der Emotionalität in einem Kulturvergleich im Vordergrund stehen und eine Analyse von Wahlwerbeplakaten stattfinden. Dafür sollen zunächst die Themen Werbekommunikation und Werbesprache allgemein dargestellt werden, um den nötigen Überblick zu verschaffen. Häufig ist Werbung größerer Unternehmen auf identische Weise in unterschiedlichen Ländern zu finden, es gibt kulturübergreifende Konsumentengruppen und internationale Kampagnen. Um ein Produkt erfolgreich international bewerben zu können und Missverständnisse, die auf fehlendem interkulturellem Wissen beruhen, zu vermeiden, braucht man das nötige Wissen über Unterschiede in der Gefühlswahrnehmung in einzelnen Kulturen. In diesem Zusammenhang soll die Untersuchung Martin Nielsens und die von ihm vorgestellte Paralleltextanalyse Aufschluss darüber geben, wie man Werbetexte kulturübergreifend analysieren kann und was man dabei beachten sollte. Außerdem soll in diesem Kapitel auf das spezielle Emotionsvokabular einzelner Sprachen und Kulturen eingegangen werden und es sollen Ansätze aufgezeigt werden, die die Verbindung von Sprache und Emotion erklären sollen.

Das dritte Kapitel ist speziell dem Thema Wahlwerbung gewidmet. Hierzu soll zunächst geklärt werden, inwiefern heutzutage von einer „Entertainisierung" der Wahlwerbung gesprochen werden kann und inwiefern die Plakatwerbung noch heute eine spezielle Rolle in jedem Wahlkampf einnimmt. Auch hier darf der Aspekt der Emotionalität nicht vernachlässigt werden.. Es gibt ein hohes Emotionalisierungspotenzial bei Wahlwerbung, es werden eine Vielzahl emotionaler Signale verwendet. In diesem Zusammenhang soll die Studie von Martina Kasová (2014) am Beispiel tschechischer und slowakischer Wahlwerbung die Emotionalität im

---

[1] Vgl hierfür: http://wirtschaftslexikon.gabler.de/Definition/werbung.html [zuletzt besucht am: 25.09.2016].

Wahlwerbetext aufzeigen. In einem weiteren Schritt werden beispielhaft weitere Wahlplakate aus unterschiedlichen Zeit-, Kultur und Sprachräumen analysiert. Hierbei sollen einzelne Bereiche wie beispielsweise *Negative Campaigning*, rechtspopulistische Wahlplakate oder stereotype Darstellungen auf Wahlplakaten analysiert werden. In diesem Zusammenhang soll außerdem untersucht werden, ob sich die Wahlplakate im Kulturvergleich in der Art der Darstellung unterscheiden oder doch ähnlich sind.

2. Theoretische Grundlagen

Im Folgenden soll gezeigt werden, wie Werbekommunikation funktioniert, welche Besonderheiten diese ausmachen und inwiefern Emotionalität eine Rolle spielt. Dabei ist wichtig, inwiefern mit Emotionen als Strategie umgegangen wird und welche Emotionen beim Rezipienten damit ausgelöst werden können und wie Emotionen dafür sorgen, dass eine Werbung länger im Gedächtnis bleibt.

Helfrich (2003: 394) beschreibt Kultur als „Muster des Denkens, Fühlens und Handelns, die über die einer Gesellschaft je eigenen Symbole erworben und weitergegeben werden" und macht damit deutlich, wie „Sprache, Kultur und Emotion miteinander verwoben sind." (Ortner 2014: 150). Beim Thema Werbung und Emotionalität dürfen also auch kulturelle und sprachliche Aspekte nicht außer Acht gelassen werden. Wer eine internationale Kampagne schaffen möchte, der sollte über die dafür nötige interkulturelle Kompetenz verfügen, um so Missverständnisse zu vermeiden. Was dabei zu beachten ist und wie die kulturelle Ebene als Erklärungsvariable für mögliche Unstimmigkeiten eingesetzt wird, das zeigt Kapitel 2.2.

2.1 Werbekommunikation – Werbesprache

Der Prozess des Werbekommunikation ist ausgerichtet auf eine bestimmte Wirkung. Es geht also darum, über ein bestimmtes Medium möglichst viele Menschen anzusprechen und dafür die richtige Strategie zu wählen. Erfolgskontrollwerte sind in diesem Zusammenhang „Erinnerungs-, Überzeugungs-, Beeindruckungs- oder Bedürfnisweckungserfolge" (Crijns 2012: 321). Werbekommunikation ist persuasive Kommunikation und kann über die unterschiedlichsten Werbeträger mit zahlreichen Werbemitteln getätigt werden. Dazu gehören beispielsweise Onlinewerbung, Werbung über Fernsehen und Rundfunk, Plakate oder Werbeanzeigen. Die sogenannten „neuen Medien", über die digital geworben werden kann, gibt es „seit dem letzten Drittel des 20. Jahrhunderts" und sie zeichnen sich „insbesondere durch ihre Interaktivität aus" ((Moser/Spörrle 2012: 428).

4

Zur Werbesprache ist zu sagen, „daß die Sprache der Werbung keine Sondersprache im eigentlichen Sinne ist, sondern lediglich eine instrumentalisierte, zweckgerichtete und ausschließlich auf Anwendung konzipierte Sonderform der sprachlichen Verwendung darstellt, die naturgemäß eigenen Gesetzmäßigkeiten unterliegt, aber dennoch aufs engste mit der Alltagssprache verwoben ist." (Baumgart 1992: 34). Als Werbestrategie wird häufig Jugendsprache verwendet, aber auch Dialekte oder Fachsprachen. Ruth Römer arbeitet in ihrem Werk zur „Sprache der Anzeigenwerbung" (1968) die wichtigsten Merkmale der Anzeigensprache heraus und bezieht sich dabei auf die „strukturalistischen Kategorien wie Wortbildung, Wortwahl und Satzbau" (Bendel 1998: 3). Laut Römer gehören dazu zusammengesetzte Wörter, vor allem Substantive und Adjektive, wie „Weithalsflasche" oder „pflegeleicht", eine semantische Aufwertung des Gesagten, beispielsweise durch Superlative („am schönsten") oder Wörter, die hochwerten („Krone des…"), außerdem kurze, einfache Sätze, rhetorische Mittel wie Wiederholungen oder Reime und die Vermenschlichung der Ware.[2] Das Ziel zahlreicher empirischer Analysen[3] war es, typische sprachliche Merkmale herauszuarbeiten, die zeitübergreifend charakteristisch für Werbesprache sind. Das Ergebnis waren die drei Hauptmerkmale: attributive Adjektive, Neologismen (vor allem aus zusammengesetzten Substantiven und Adjektiven) und Superlative.[4]

Bei Werbekommunikation, die Argumente enthält oder durch inhaltliche Aspekte überzeugen soll, ist vor allem die Verständlichkeit ein wichtiges Kriterium. Langer, Schulz von Thun und Tausch (1981) nennen in diesem Zusammenhang „vier Dimensionen der Verständlichkeit: Einfachheit vs. Kompliziertheit, Gliederung vs. Ungegliedertheit, Prägnanz vs. Weitschweifigkeit und anregende vs. keine anregenden Zusätze." (Moser/Spörrle 2012: 429).

2.2 Gefühlskulturen: Sprache, Emotionalität und Kultur in der Werbung

Häufig liest und hört man über Werbung und die damit verbundenen Strategien, sie würden manipulieren und „mit den Emotionen und verborgenen Wünschen der Verbraucher" (Janich 2013: 46) spielen. Im Grunde soll Werbung den Verbraucher über etwas informieren und ihn nicht zu etwas überreden oder verführen, was er eventuell nicht möchte, trotzdem ist sie „ein Instrument, um den Umsatz zu erhalten oder zu steigern." (Janich 2013: 47). Hierfür werden

---

[2] Vgl. hierfür: Bendel 1998: 3.
[3] Zum Beispiel das etwas ältere, aber weiterhin häufig verwendete Werk von Ruth Römer aus dem Jahr 1968 „Die Sprache der Anzeigenwerbung", eine „klassischelinguistische Wort- und Stilanalyse" (Bendel 1998: 10), wie auch die Arbeiten von Baumgart, Stolze und Hohmeister, eine semiotische Analyse ist bei Bechstein zu finden und eine inhaltliche Analyse bei Hansen und Schmidt.
[4] Vgl. hierfür: Bendel 1998: 10.

häufig emotionale Strategien verwendet. Diese Form der Werbung ist nicht immer nur informativ, deshalb muss sie aber nicht manipulativ sein. Werbung besteht aus Überzeugungsstrategien, einer inszenierten Form der Sprache und ist von intentionalem Charakter.[5]

Werbung und Emotionalität

Emotionen spielen im Zusammenhang mit Werbung stets eine zentrale Rolle, wobei die Definition von Gefühlen und die Ansätze, die damit in der Werbegestaltung geschaffen werden, häufig einen Wandel oder neue Ideen durchleben. Diese Veränderungen sind gebunden an Entwicklungen in der Gesellschaft und an neue Bedürfnisse, die bei den Konsumenten entstehen. Als Reaktion seitens der Werbeproduzierenden, gibt es immer wieder neue emotionale Reize, die eben diesen Bedürfnissen und Wünschen angepasst sein sollen. Durch emotionale Werbung sollen Gefühle sowohl vermittelt als auch ausgelöst werden und sie soll für den Empfänger mit der emotionalen Erlebniswelt oder persönlicher Erfahrung zu verbinden sein, zum Beispiel „Glück, Geborgenheit, Freiheit oder Entspannung." (Ausmeier 2010: 11). Dabei wird jedes Ereignis von Mensch zu Mensch unterschiedlich stark emotional aufgefasst und bewertet und durch die Verbindung mit einer bestimmten Emotion bleibt die Werbung länger in Erinnerung. Das ist durch das hohe Aktivierungspotenzial emotionaler Konzepte zu erklären „je höher diese sind, desto besser erfolgt die kognitive Verarbeitung und der Prozeß des Erinnerns (Müller 1997: 36). Dieser emotionale Mehrwert ist wichtig, da der Konkurrenzdruck durch verschiedene Marken und Anbieter, die das gleiche Produkt auf den Markt bringen, immer größer wird. Ein Anbieter muss also dafür sorgen, dass das Produkt „in der Erfahrung des Konsumenten emotional so positioniert" wird, dass er damit ein Gefühl verbindet und „diese Marke allen anderen vorzieht" (Müller 1997: 33). Bilder sind besonders geeignet für das Vermitteln emotionaler Inhalte, wobei besonders fröhliche Darstellungen, aber auch erotische sowie Furcht- und Angstappelle besonders wirkungsvoll sind. Ausmeier (2010) teilt Emotionalität in Werbung in drei Bereiche ein: Freude und Glücksgefühle, Mitleid und Trauer und Angst und Furcht,[6] wobei es von Vorteil für das Konservieren und Wiedererleben des Affektes ist, wenn die „Konzepte, die zur emotionalen Positionierung genutzt werden, […] (kulturell) positiv bewertet werden und motivationalen Charakter haben (Müller 1997: 36).

---

[5] Vgl. hierfür: Janich 2013: 47.
[6] Vgl. hierfür: Ausmeier 2010: 30f..

An dieser Stelle sollte deshalb eine kulturkontrastive Betrachtung der Werbekommunikation stattfinden, denn geworben wird weltweit und das „verstärkt sich durch Globalisierungstendenzen wie zunehmend international tätige Unternehmen, grenzübergreifende Medien, internationale Kampagnen und die Annahme konvergierender Märkte und kulturübergreifender Konsumentengruppen." (Nielsen 2010: 305) außerdem „Kostendegressionseffekte, Lerneffekte und komparative Kostenvorteile" (Kebschull 1989: 975), sowie „Ansprache neuer Märkte, um besser auf zyklische Nachfrageschwankungen nationaler Märkte reagieren zu können." (Onkvisit/Shaw 1989: 21). Um also dasselbe Produkt in unterschiedlichen Kultur- und Sprachräumen zu bewerben, sollte man über das dafür notwendige Wissen über interkulturelle Themen[7] verfügen. Fehlende interkulturelle Kompetenz kann häufig zu Missverständnissen und Ärgernissen führen, „eine Verletzung entsprechender Konventionen führt zu Distanz bis hin zu Ablehnung, Peinlichkeit oder Wut bei den Adressaten" (Müller 1997: 37), was durch das nötige Wissen über bestimmte Regeln kulturspezifischer kommunikativer Interaktion vermieden werden kann und ein erfolgreiches Gelingen der Werbekampagne auch im internationalen Raum ermöglicht. In Abb. 2 ist ein Beispiel für mögliche interkulturelle Missverständnisse aufgezeigt. Zu sehen ist die Werbekampagne der Fluggesellschaft Air France: links die Umsetzung für den europäischen Markt und rechts die Umsetzung für den asiatischen Markt. Zunächst entsteht der Eindruck, es würde sich um ein identisches Bild handeln, bei näherer Betrachtung fällt jedoch auf, dass die Frau auf dem rechten Bild Schuhe trägt, während die Frau auf dem linken Bild barfuß am Wasser sitzt.

Abb. 2: Die Air France Kampagne für Europa (linkes Bild) und Asien (rechtes Bild).
(Quelle: http://www.elisabethpoulain.com/archive/2014-06/)

Die Erklärung dafür ist, dass das Zeigen der unbekleideten Füße im asiatischen Raum als obszön angesehen wird, das Werben mit der europäischen Version der Kampagne hätte

---

[7] Interkulturell meint in diesem Zusammenhang vor allem länderübergreifende Besonderheiten und Gewohnheiten. Vgl. Nielsen 2010: 305.

möglicherweise nicht den gewünschten Erfolg gebracht. Hier wurden kulturspezifische Regeln beachtet und die Kampagne dementsprechend angepasst.

Als Gegenbeispiel kann die Kampagne des Modelabels BENETTON aus dem Jahr 1991 gezeigt werden. Zahlreich wurde die United Colors-Kampagne des Labels abgelehnt, vor allem das Bild einer dunkelhäutigen Frau, die ein hellhäutiges Baby stillt, wurde in den USA stark kritisiert (Abbildung 2.1), „da es an die Rolle der schwarzen Amme zur Sklavenzeit erinnert" (Müller 1997: 37).

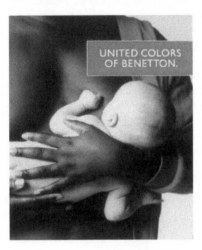

Abb. 2.1: United Colors-Kampagne von BENETTON 1991.
(Quelle: http://cdn2.spiegel.de/images/image-864251-galleryV9-iiif.jpg)

Als methodischen Zugang für einen solchen kulturübergreifenden Vergleich, wählt Nielsen die Paralleltextanalyse, deren Untersuchungsgegenstand Texte sind, „die nicht in (textproduktiver, translatorischer, adaptiver, o.Ä.) Relation zueinander stehen, sondern unabhängig voneinander in parallelen, d.h. vergleichbaren Kommunikations-, Handlungs- bzw. Interaktionskonstellationen entstanden sind." (Nielsen 2010: 307). Für eine Analyse nennt er zwei mögliche Modelle, die vor allem einheitlich und möglichst allumfassend sein sollten. Zum einen das Modell der kumulativen Fachtextanalyse von Hofmann (1987), zum anderen das integrative Fachtextmodell von Baumann (1992). Es folgten werbetextorientierte Analysemodelle von Hennecke (1999), Stöckl (2004) und Janich (2010).[8] Hierbei ist es

---

[8] Vgl. hierfür: Nielsen 2010: 309.

wichtig, zu erwähnen, dass das methodische Problem, das sich hier zeigt, das Erstellen allgemein gültiger Analysekategorien ist, es gibt also eine Auswahl an sowohl textexternen als auch textinternen Analysekategorien, die zur Paralleltextanalyse verwendet werden können, sie können aber auch, je nach Bedarf, erweitert werden. Ein Problem, abgesehen von der methodischen Vorgehensweise, ist die Tatsache, dass der Kulturbegriff schillernd ist und die kulturelle Kontrastierung von Werbung sehr komplex. Es besteht zudem die Möglichkeit, „dass die kulturelle Dimension sehr stark als Erklärungsvariable in Anspruch genommen wird, d.h., dass die Aussagekraft von Kulturunterschieden als Erklärung [...] überstrapaziert wird." (Nielsen 2010: 317). Zudem ist festzustellen, dass kulturvergleichende Untersuchungen sich häufig darauf konzentrieren, Unterschiede zwischen den Kulturen festzustellen, wobei sie mögliche Gemeinsamkeiten vernachlässigen.

Sprache und Emotion

Untersucht man das Emotionsvokabular einzelner Sprachen, dann fällt auf, dass „die Abstufungen der Emotionalität unterschiedlich fein und von verschiedenen Kategorienbildungen geprägt " (Ortner 2014: 150) sind. Als Beispiel dafür nennt Ortner die beiden Emotionen *Fago*[9] und *amae*[10], Emotionswörter, die für die jeweiligen Kulturen von großer Bedeutung sind und Emotionsqualitäten beschreiben, die von Kultur zu Kultur verschieden sind. Er beschreibt diese Emotionswörter als Artefakte, die „der Handlungsregulation in einer Gemeinschaft" (Ortner 2014: 151) dienen und somit die Wichtigkeit von Emotionen für das Zusammenleben erklären.

Für das Erklären der Verbindung von Sprache und Emotion gibt es unterschiedliche Ansätze: biologische Ansätze gehen davon aus, dass Sprechen und Fühlen unabhängig voneinander stattfinden, der sozialkonstruktivistische Ansatz behauptet: „Ohne Sprache keine Emotion". Was Relativität und Universalität angeht, gibt es drei weitere Ansätze: Nativistische, Universalistische und Relativistische Ansätze. Während Nativistische Auffassungen Emotionskonzepte als angeboren und somit universal ansehen, „fassen [Universalistische Ansätze] Emotionen als eng an körperliche Erfahrungen und somit biologisch determiniert

---

[9] „ein Zustand der Traurigkeit und gleichzeitig Liebe und Hingabe, der von den Ifaluk, einem Volk eines mikronesischen Atolls, häufig empfunden wird. *Song* ist gerechtfertigter Ärger. Bei den Ifaluk werden Emotionen nicht als innere Zustände einer Einzelperson konzeptualisiert, sondern als soziales Geschehen." (Ortner 2014: 151).
[10] Damit „bezeichnen Japanerinnen und Japaner eine als sehr positiv empfundene Abhängigkeit von einem geliebten Menschen." (Ortner 2014: 151).

auf." (Ortner 2014: 153). Nur die Relativitätshypothese geht von einer sprachlichen Diversität aus und davon, dass die Möglichkeit, Emotionen durch Sprache auszudrücken, das Fühlen eben dieser Emotionen, beeinflusst.[11] Eine Ausführung dieser relativistischen Annahme ist bei Sapir und Whorf (Sapir-Whorf-Hypothese) zu finden.[12] Bei der sprachlichen Klassifikation wird zwischen *hypercognized* („starke Repräsentation einer Emotion in einer bestimmten Kultur" (Ortner 2014: 154)) und *hypocognized* (einer bestimmten Emotion wird in einer bestimmten Kultur nur wenig Aufmerksamkeit geschenkt) unterschieden. Es gibt einige Universalien, die in jeder Sprache und jeder Kultur zu finden sind, wobei sich einige aber auch unterscheiden oder in gewissen Kulturen stärker oder weniger stark ausgeprägt sind. Das bedeutet für kulturelle Missverständnisse, dass sie häufig durch eine fälschlicherweise getätigte Projektion der persönlichen Vorstellungen entstehen und nicht immer den Inhalt betreffen müssen.

3. Wahlwerbung

Häufig wird im Zusammenhang mit Wahlwerbung kritisiert, dass sie nicht mehr repräsentativ oder informativ gestaltet ist, sondern lediglich unterhaltsam. Es wird nicht mehr mit den Inhalten der Parteien oder moralischen Werten gearbeitet, die nach der Wahl umgesetzt werden sollen. Vielmehr geht es um schrille Outfits, humorvolle Sprüche, Übertreibungen und Bilder, die sofort ins Auge stechen. Eben diese Entertainisierung von Wahlwerbung wird unterstrichen durch Begriffe wie „Infotainment" oder „Politainment". Bestimmte Schlagwörter, auch Schlüsselwörter, Fahnenwörter oder politische Leitvokabeln genannt, sollen die gewünschte Wirkung erzielen. Diese Wörter „sind oftmals unspezifisch und haben einen weiten Bedeutungsumfang (beispielsweise *Globalisierung, Gleichberechtigung, Klimaschutz, Leistung, Markt, Informationsgesellschaft*)" (Römer 2012: 45). Nicht nur Schlagwörter, auch Schlagbilder sind dabei sehr wirkungsvoll, allerdings sind diese deutungsoffener und „bedürfen deshalb einer situativen und kontextualisierten Konkretisierung." (Diekmannshenke 2012: 323).

3.1 Die Rolle der Plakatwerbung im Wahlkampf

Das Wahlplakat als Werbemedium spielt eine sehr wichtige Rolle in jedem Wahlkampf. Es taucht „im öffentlichen Raum auf, dort wo jeder sich bewegt (Lessinger & Moke 2000, S. 245).

---

[11] Vgl. hierfür: Ortner 2014: 153.
[12] Sapir setzt „Sprechen und Denken nicht gleich, sondern definiert Sprache als „prärationale Funktion" (Sapir 1961: 23) und eine Grundbedingung für das Denken" (Ortner 2014: 155), Sprache ist also durch Emotionen beeinflussbar. Whorf bevorzugt eine „antirationalistische Sichtweise" (Ortner 2014: 155).

Sie sind für jeden Menschen dauerhaft zu sehen und es besteht fast keine Möglichkeit, sie zu ignorieren. Etwa sechs Wochen vor der Wahl sind die Plakate der jeweiligen Parteien überall zu sehen und leiten die Wahlkampfstimmung ein. Außerdem kann sich jeder Wähler ein Bild über die einzelnen Strategien und Slogans machen und die teilweise sehr kreativ und künstlerisch gestalteten Plakate betrachten und sich eine Meinung bilden. Da ein Wahlplakat meinst im Vorbeigehen oder -fahren nur wenige Sekunden lang betrachtet, muss es ein Blickfang sein, also die Aufmerksamkeit auf sich ziehen und dann in kürzester Zeit deutlich machen, was vermittelt werden soll. Eine klare Botschaft oder eindrückliche Bilder sind wichtig, „was nur durch eine graphische Schlüsselidee, Vereinfachungen, Wiederholungen oder aber durch radikale Übertreibungen und bis an Zynismus grenzenden Humor zu erreichen ist" (Lessinger/Holtz-Bacha 2010 „Wir haben mehr zu bieten" :67).

Eine wichtige Rolle in Bezug auf das Wahlplakat spielt die Farbwahl. Häufig werden Parteien mit einer bestimmten Farbe in Verbindung gesetzt, weshalb eine Änderung der Farbensymbolik wohl überlegt sein sollte. Allerdings sollte auch eine gewisse Abwechslung geboten werden, denn „Farben unterliegen Moden und Vorlieben, die auch Parteien in Rechnung stellen müssen, denn schließlich geht es dabei um die ästhetische Anmutung ihres Werbematerials." (Holtz-Bacha/Lessinger 2006: 80). Eine neuere Entwicklung im Bereich der Wahlplakate sind sogenannte „Internet-Plakate".[13] Diese erscheinen, „gezielt für die Ansprache bestimmter Wählergruppen" (Holtz-Bacha/Lessinger 2006: 83), sobald der Internet-Nutzer online geht oder sein E-Mail Postfach öffnet.

3.2 Emotionalisierung von Wahlwerbung

Ein gezielter Einsatz von Emotionen ist ein wichtiger Bestandteil fast jeder Wahlkampagne. Sie sind „spezifische Reaktionen auf die kognitive Bewertung von Umweltsituationen." (Schmuck 2013: 32). Emotionen können in Wahlwerbung auf unterschiedliche Weise zum Einsatz kommen und „stellen einen wichtigen Einflussfaktor im Bereich der politischen Kommunikation dar" (Schmuck 2013: 32). Diese Beeinflussung geschieht teilweise auf der Ebene des Unbewussten. Durch Senden emotionaler Signale in hohem Ausmaß, wird der Rezipient in seiner Wahrnehmung so gelenkt, dass er positive oder negative Emotionen empfindet oder auch spezifische Emotionen, wie beispielsweise Angst, ausgelöst werden und ihn in seiner Meinungsbildung beeinflussen. Schemer (2010) konnte aufzeigen, dass Rezipienten und Rezipientinnen sich durch negative Emotionen, wie beispielsweise Angst oder

---

[13] Vgl. hierfür: Holtz-Bacha/Lessinger 2006: 83.

11

Ärger (hier in Zusammenhang mit der Abstimmung zur Verschärfung des Asylgesetzes in der Schweiz im Jahr 2006), stark in ihrer Meinungsbildung beeinflussen lassen, während sich „dieser Mediationseffekt [...] jedoch nicht auf positive Affekte, wie Freude oder Hoffnung, nachweisen" (Schmuck 2013: 33) ließ.

3.3 Emotionalität im Wahlwerbetext nach Kasová (2014)

Die Art, Wahlwerbung zu gestalten, ändert sich im Laufe der Geschichte immer wieder und ist von Land zu Land und von Kultur zu Kultur verschieden. Einige Charakteristika sind immer wieder zu erkennen und von Parteien immer wieder begehrte Aufhänger für ihre Wahlplakate. Kasová (2014) beispielsweise, teilt nach einer Analyse slowakischer und tschechischer Wahlwerbeslogans auf Plakaten, die inhaltlichen und thematischen Merkmale der Werbung in fünf Bereiche ein:[14]

1. Sozialer Bereich
2. Politischer Bereich
3. Bereich der Lebensqualität
4. Bereich der moralischen Werte
5. Sonstiges

Der soziale Bereich umfasst „die Rolle der Kandidaten in der Gesellschaft" (Kasová 2014: 367), beispielsweise die Rolle als Frau. Hierzu gehört unter anderem die Darstellung der Frau als stark und selbstbewusst mit Slogans wie „Zvolte prvni prezidentku Ceské republiky [Wählen Sie die erste Präsidentin der Tschechischen Republik] (Zuzana Roithová, Präsidentschaftswahlen 2013, Tschechische Republik)" (Kasová 2014: 268). Aber auch Frauen in ihrer Rolle als Mutter und stereotype, sexistische Darstellungen gehören dazu. Während Frauen die stereotype Darstellung der Mutter als Beschützerin der Kinder erfahren, werden Männer ebenfalls in stereotyper Weise als Superhelden dargestellt, die alles schaffen, wie in Abb. 3 zu sehen.

---

[14] Vgl. Kasová 2014: 367-376.

Abb. 3: Za budúce generácie! [Für künftige Generationen] (Kasová 2014: 369).

Martina Kasová schreibt diesem Bereich außerdem noch eine weitere Art der Wahlwerbung zu, das ist Wahlwerbung, die sich auf den „Zusammenhang zwischen Arbeits- und Berufsleben" (Kasová 2014: 369) fokussiert und diesen emotionalisiert. Sie nennt in diesem Zusammenhang als Beilspiel die Werbung der Slowakischen Nationalpartei SNS, die damit wirbt, slowakische Familien wieder glücklicher zu machen. Mit dem Slogan „Damit unsere Frauen nicht weinen" (Kasová 2014: 369) appelliert die Partei, durch expressive Ausdrücke wie „Sklaven", „kämpfen", „Ehre" oder „Liebe" an den Stolz der Slowaken. Das Gefühl von Unrecht soll ausgelöst werden. In die entgegengesetzte Richtung führt die KDH bei den Parlamentswahlen 2012, positive Illustrationen zum Thema Arbeit, wie beispielsweise „Eine stärkere Slowakei. Es beginnt mit Arbeit" oder „Besseres Leben. Es beginnt mit Arbeit" (Kasová 2014: 369f.), sollen eine Verbindung zu positiven Werten schaffen. Der zweite Bereich, den Kasová beschreibt, ist der politische Bereich. Hier wird „Emotionalität [...] mit dem öffentlichen Status verbunden, wobei es sich um politische Freiheit, Einhaltung der Gesetze, Toleranz handelt, die Kampf und Gewalt gegenübergestellt werden" (Kasová 2014: 370). Zu den Punkten Kampf und Gewalt zählt das Wahlplakat der SNS (Slowakische Nationalpartei), die mit Slogans wie „Seien wir keine Fremden Zuhause" (Kasová 2014: 370) gegen in der Slowakei lebenden Minderheiten hetzt. Dabei werden „stilistische Sprachmittel verwendet, die negative Begleitemotionen wecken und bewusste Abwertung verstärken." (Kasovà 2014: 371). Außerdem zu diesem Bereich zählt Kasová Kandidaten, die durch ein spezielles Äußeres potentielle Außenseiterrollen einnehmen und eben dieses Image des „Exoten" nutzen. Der tätowierte Vladimír Franz tut dies mit dem Slogan „Warum nicht?" und „Wir mögen Exoten" und spricht damit hauptsächlich die jüngere Wählergeneration an. Sein Mitstreiter Karel Schwarzenberg unterstreicht sein Punk-Styling mit dem Slogan „Karel is not dead" und verweist damit auf die Paraphrase *Punk is not dead!*. Durch das Verwenden von Anglizismen möchte auch er eine jüngere Generation ansprechen und modern wirken. Der dritte Bereich laut Kasová ist der Bereich der Lebensqualität, den sie in Bezug auf Emotionalität mit den Themen

13

„Lebensqualität, Umwelt und dem Sinn des Lebens" (Kasová 2014: 372) verbindet. Wichtig sind hierbei unter anderem die Bereiche Zukunft und Fachwissen.[15] Der Bereich der moralischen Werte, der vierte Bereich nach Kasová, umfasst Themen wie „Liebe, Freundschaft, Pflichterfüllung, Ehre, Opfermut, Wohltätigkeit" (Kasová 2014: 373). Den fünften Bereich fasst Kasová unter „Sonstiges" zusammen. Hierzu zählt sie ad-hoc gebildete Abkürzungen, die beispielsweise aus den Anfangsbuchstaben des Vor- und Nachnamens des Kandidaten oder der Kandidatin gebildet werden oder auch Teile aus dem Text der Nationalhymne des jeweiligen Landes.[16] Sicherlich ist diese Einteilung Kasovás nur eine von vielen Möglichkeiten, Emotionalität in Wahlwerbung in Bereiche einzuteilen. Vor allem der fünfte Bereich „Sonstiges" könnte etwas eindeutiger gestaltet werden.

4. Untersuchung anhand von eigenen Beispielen

Im Folgenden sollen weitere Beispiele untersucht werden und weitere Möglichkeiten der Aufspaltung in bestimmte Emotionen aufgezeigt werden. Hierbei sollen zudem Wahlplakate aus unterschiedlichen Ländern verwendet werden und der Fokus auf Themen liegen, die bestimmte Emotionen der Wählerinnen und Wähler ansprechen, beispielsweise Hass und Angst, aber auch geschlechtsspezifische Darstellungen und das Gefühl von Sicherheit und Vertrauen.

Negative Campaigning

Während *Negative Campaigning* in den USA fester Bestandteil der Wahlkampagnen ist und bereits umfangreiche Forschungsergebnisse zu diesem Thema vorliegen, ist der Angriff auf den politischen Gegner in Deutschland weniger verbreitet, kommt jedoch immer häufiger vor.

Betrachtet man nun beispielsweise die Wahlplakate der SPD aus dem Jahr 2009 (Abb. 4), fällt auf, dass in der angreifenden Kampagne lediglich die Politik der einzelnen Parteien angreift und keine einzelnen Personen. Das Schlechtmachen der anderen Parteien wird hier dafür genutzt, um sich selbst in ein besseres Licht zu rücken.

---

[15] Vgl. hierfür: Kasová 2014: 373
[16] Vgl. hierfür: Kasová 2014: 376.

Abbildung 4: SPD-Wahlplakate zur Europawahl 2009.

(Quelle: https://europa2009wahl.wordpress.com/2009/05/06/orginal-spd-wahlplakate-zur-europatagswahl-2009/)

Die SPD setzt hier nicht auf das klassische Porträt des Wahlkampfkandidaten, sondern auf comicartige Darstellungen und Gegensätze. Durch die negative Darstellung der gegnerischen Partei und die positive Gegenüberstellung der eigenen, möchte die SPD einen direkten Vergleich schaffen (Dumpinglöhne gegen faire Löhne, Finanzhaie gegen klare Regeln und heiße Luft gegen Verantwortung). Die auf dem Bild dargestellte Personifizierung der negativen Aspekte der gegnerischen Parteien, soll den Effekt verstärken.

In den USA gibt es auf Wahlplakaten häufiger direkte Angriffe auf Wahlkampfkandidaten. Die Forschungsergebnisse zur Wirkung dieser Negativkampagnen sind jedoch nicht einheitlich.[17] In jedem Fall steigert diese Art der Kampagne die Aufmerksamkeit der Wähler, insgesamt effektiver oder gar beliebter, ist sie deshalb aber nicht. Vielmehr besteht, vor allem bei deutschen Wählern, die Gefahr des „Backlash-Effekts" ((Holtz-Bacha 2001: 672 und Maier & Maier 2007: 330), der „das Phänomen" bezeichnet, „dass die Rezipient/inn/en der werbenden Partei den Angriff übel nehmen" (Klimmt/Netta/Vorderer 2007: 392). Häufig führt *Negative Campaigning* vielmehr dazu, dass die Wähler Mitleid mit dem angegriffenen Kandidaten empfinden, es kann durch den „Boomerang-Effekt Mitleid und/oder Ärger beim Betrachter auslösen" (Holtz-Bacha/Lessinger 2010: 144), es kann also positive oder negative Empathie ausgelöst werden.

In Abb. 4.1 ist das ursprüngliche Wahlplakat von Mitt Romney aus dem Jahr 2012 zu sehen. Er wirbt mit dem Slogan „Let's renew the economy with Romney" [Lasst uns die Wirtschaft ankurbeln mit Romney]. Auf dem Plakat sind Geldscheine zu sehen, die eben diese Botschaft durch Aufdrucke wie „Lowering taxes even more" oder „Energy alternatives" unterstreichen sollen. Die *Negative Campaigning*-Version (Abb. 4.2), die die gegnerische Seite daraus macht, greift Slogan und Bild auf und verändert den Slogan in „Let's ruin the economy with Romney"

---

[17] Vgl. hierfür Leidecker 2010: 120.

[Lasst uns die Wirtschaft zerstören mit Romney] und fordert auf: „Vote Obama" [Wähle Obama].

Abb. 4.1: Ursprüngliches Plakat

Abb. 4.2: Version *Negative Campaigning*

(Quelle: https://www.behance.net/gallery/5633621/Presidential-Campaign-Posters)

Humorvolle (negative) Wahlplakate

Ist negative Wahlwerbung humorvoll gestaltet, ist die Gefahr des „Backlash-Effekts" weniger groß, denn die Rezipienten und Rezipientinnen sehen den Angriff auf den politischen Gegner als scherzhaft an, was vielmehr die Sympathie mit dem Werbetreibenden oder der Werbetreibenden steigert und zu einer positiven Bewertung der Werbung führen kann. Außerdem wird eine humorvoll gestaltete Werbung „zusätzliche Aufmerksamkeit bei den Rezipient/ inn/en (z. B. Madden & Weinberger, 1982), was „aber von der produktbezogenen Werbebotschaft ablenken" (Klimmt et al. 2007: 393) kann („Vampireffekt", vgl. hierfür Schmidt/Williams: 2001).

Hass und Angst: Rechtspopulistische Wahlplakate

Matthes und Marquard (2013) zeigen in ihrer Studie, dass Hass gegenüber Migranten durch entsprechend stereotype Darstellungen auf Wahlplakaten verstärkt werden kann, wobei sich Menschen mit einem höheren Bildungsniveau weniger und Menschen mit vergleichsweise niedrigerem Bildungsniveau stärker beeinflussen lassen. Eine stärkere Wirkung rechtspopulistischer Wahlwerbung, zeigt sich außerdem verstärkt bei Menschen mit geringem Vorwissen, während gut informierte Wähler sich in ihrer Meinung nicht so leicht beeinflussen lassen.[18] Stephan und Stephan (2000) gehen in ihrer *Integrated Threat Theory of Prejudice* davon aus, dass eben die Wähler, die negative Vorurteile gegenüber Migranten haben, eine potenzielle Bedrohung in ihnen sehen. Diese Bedrohung beschreiben Stephan und Stephan in vier Punkten: „eine ökonomische (auch realistische) Bedrohung, eine symbolische Bedrohung, Intergruppenangst und negative Stereotype." (Schmuck 2013: 38).

Ein sehr beliebtes Symbol für rechtspopulistische Wahlplakate ist das „schwarze Schaf" umgeben von weißen Schafen. Für die Parlamentswahlen am 21. Oktober 2007 in der Schweiz, warb die SVP mit einem ausländerfeindlichen Plakat, das den Fremdenhass auf sehr aggressive Weise darstellt (Abb. 4.3). Hier wird der Ausländer, als das „schwarze Schaf", von einem weißen Schaf, also einem Schweizer, mit einem Fußtritt über die Grenze getreten. Spanien (Abb. 4.4), Deutschland (Abb. 4.5) und Tschechien (Abb. 4.6) gehen diesem Vorbild nach und übernehmen die Symbolik.

Abb. 4.3: Schweizer Wahlplakat

Abb. 4.4: Spanisches Wahlplakat

(Quelle: https://www.helles-koepfchen.de/   (
bilder/originale/nachrichten/de-a-ch/wahlen_
schweiz_plakat_1.jpg)

(Quelle: https://pbs.twimg.com/
media/AeS1cOvCAAARbRx.
jpg)

---

[18] Vgl. hierfür die Studien von Blair/Banaji 1996; Bodenhausen/Macrae/Sherman 1999; Schemer 2012 und Matthes/Marquard 2013.

Abb. 4.5: Deutsches Wahlplakat

Abb. 4.6: Tschechisches Wahlplakat

(Quelle: https://www.researchgate.net/
profile/Daphne_Halikiopoulou/publication/
264476758/figure/fig3/AS:279229288730635
@1443584858097/Figure-2-NPD-campaign-
'Wir-raumen-auf'-We-are-cleaning-up.png)

(Quelle: http://files.newsnetz.ch/ story/2/2/0
/ /22004666/19/topelement.jpg)

Ein aktuelles Beispiel ist das Plakat der deutschen AfD (Abb. 4.7). Sie nutzt die Ereignisse der Silvesternacht 2015/2016 am Kölner Hauptbahnhof, um noch mehr Angst bei den Bürgern auszulösen.

Abb. 4.7: AfD Wahlplakat (2016).

(Quelle: http://keinealternative.blogsport.de/images/AfDPlakatwand.BaWue.Tue.2016.Schuetzt.unsre.Frauen.klein.JPG).

Hier wird die Angst vor sexualisierter Gewalt gegen Frauen instrumentalisiert und eine breite potenzielle Wählerschaft angesprochen: Eltern, die Angst um ihre Kinder haben, Frauen, die Angst davor haben, selbst Opfer von Sexualstraftaten zu werden, Väter, die ihre Frauen und Töchter beschützen wollen usw. Durch die Aufzählung Köln – Stuttgart – Hamburg und die

18

drei Punkte dahinter, wird angedeutet, dass in naher Zukunft jede weitere deutsche Stadt davon betroffen sein könnte. Das weinende Mädchen im Vordergrund und die dunklen Gestalten im Hintergrund unterstreichen die Angst und verweisen darauf, dass die Täter in der Kölner Silvesternacht „mutmaßlich mehrheitlich aus migrantischen Gang-Mitgliedern bestand", um daraus einen allgemeinen Hass gegen „die Ausländer", „die Flüchtlinge", „die Nordafrikaner" auszulösen.

geschlechtsspezifische Darstellungen

Ein Beispiel, das für viel Aufruhr gesorgt hat, ist das Plakat der österreichischen FPÖ-Jugend aus dem Jahr 2014 (Abb. 4.8). Die Kampagne wurde als Kritik an dem Frauenbild gestartet, das durch das Bekanntwerden von „Conchita Wurst" entstanden ist. Die FPÖ macht damit deutlich, dass sie sich um den Erhalt des traditionellen Frauenbildes sorge. Das Bild einer unbekleideten, blonden, blauäugigen Frau, die mit den Händen ihre Brust bedeckt und die Sätze „Lass dich nicht linken…echte Frauen sehen so aus!" und „Ich brauche keinen Bart um erfolgreich zu sein!", sollen die Botschaft unterstreichen.

Abb. 4.8: Wahlplakat der rechten österreichischen FPÖ-Jugend.

(Quelle: http://p5.focus.de/img/fotos/origs3960143/6333283424-w300-h417-o-q75-p5/flyer-vorderseite-n0819.png)

In Italien wird mit zwei Frauenbildern geworben, die gegensätzlicher nicht sein könnten. Tina Fiorentino versucht es mit dem Motto: „Provaci con una donna!" [Versuch es doch mal mit einer Frau!] (Abb. 4.9) und zeigt sich mit seriöser Kleidung und ordentlicher Frisur. Auf weibliche Reize setzt hingegen Stefania La Greca, ebenfalls aus Italien (Abb. 4.10). Sie zeigt sich in einem kurzen Kleid, in aufreizender Pose und tätowiertem Oberarm. Das Foto wirkt wie ein spontan entstandenes Foto auf einer Party.

19

| Abb. 4.9: Wahlplakat von | Abb. 4.10: Wahlplakat von Stefania La Greca, |
| Tina Fiorentino aus Italien | ebenfalls aus Italien |

Quelle:http://nst.sky.it/content/dam/static/   Quelle: http://www.ilfattoquotidiano.it/2015/04/21/regionali-campania-in
contentimages/original/sezioni/tg24/politica/   -lista-per-caldoro-stefania-divina-greca-presentarla
2015/05/26/elezioni_manifesti_1.jpg   -domenico-cozzolino-lex-finto-fidanzato-noemi-letizia/1610368/

Viele Parteien nutzen außerdem das Thema Gleichberechtigung für Frauen, um vor allem die weiblichen Wähler anzusprechen, wie beispielsweise die Grünen in Österreich, denn „nach wie vor verdienen Frauen rund ein Viertel weniger als Männer" (https://stmk.gruene.at/demokratie-und-verfassung/frisch-gebildet-steirisch-zweite-gruene-plakatwelle-fuer-die-landtagswahl-praesentiert [zuletzt besucht am: 03.10.2016]). Es soll also für gleiche Chancen für alle geworben werden und das mit dem Satz „Eines Tages sind wir vor dem Gehaltszettel alle gleich"[19] und dem Bild einer Frau, die sich rasiert.

Abb. 4.11: Wahlplakat der Grünen

(Quelle: https://stmk.gruene.at/gfx?j=57fc4094c4df2a10ccf5035ce8ca9aec).

---

[19] In Anlehnung an Artikel 3, Absatz 1 aus dem Grundgesetz: „Alle Menschen sind vor dem Gesetz gleich." (https://dejure.org/gesetze/GG/3.html [[zuletzt besucht am 03.10.2016]).

Ein Gefühl von Sicherheit: Familien- und Zukunftsorientierte Wahlwerbung

Abb. 4.12: Wahlplakat der Grünen:

(Quelle: https://www.gruene-bw.de/app/uploads/2016/01/GrueneBW-Wir-bauen-auf-Familien-241x341.jpg)

Vertrauen

Ein Gefühl von Vertrauen versuchen viele Wahlkandidaten dadurch zu vermitteln, dass sie den Wählern auf Augenhöhe begegnen. Sie wollen ausstrahlen, dass sie einfache Menschen sind, wie alle anderen auch und im Interesse der Bürger handeln. Thomas Krüger von der SPD möchte dieses Gefühl vermitteln, indem er zeigt: „Ich bin eine ehrliche Haut" (Abb. 4.13). Diese Botschaft unterstreicht er dadurch, dass er auf seinem Wahlplakat unbekleidet auftritt. Auch Davide Amadeo (Abb. 4.14) setzt auf diese Strategie. Mit dem Slogan „Niente da nascondere" [nichts zu verbergen], ist auch er völlig unbekleidet auf dem Plakat zu sehen. Zudem hält er sich scherzhaft das T des Wortes „Vota" [Wähle] vor den Intimbereich.

Abb. 4.13: Thomas Krüger, SPD	Abb. 4.14: Vergleichsplakat aus Italien
(Quelle: content/uploads/2014/08/thomas krueger-plakat.jpg	(Quelle:http://vitadadonna.com/wp-content/uploads/2013/02/kate 340x4401.jpg).

5. Fazit und Ausblick

Die Welt der Werbekommunikation ist in stetigem Wandel und entwickelt sich je nach aktueller Situation immer weiter. Für die Wirkung der Werbung ist es wichtig, sich den gesellschaftlichen Entwicklungen und den Wünschen der Verbraucher anzupassen und sich daran zu orientieren. Deshalb gibt es eine Tendenz zur immer stärkeren Emotionalisierung der Werbung, aber auch zur Globalisierung, weshalb interkulturelle Themen nicht vernachlässigt werden dürfen. In der vorliegenden Arbeit wurde die enge Verbindung von Sprache, Kultur und Emotion aufgezeigt und inwiefern diese Verbindung wichtig für die Werbung ist. Es wurde aber auch gezeigt, dass die kulturelle Ebene nicht immer als Erklärungsvariable fungieren sollte. Jeden Tag ist man in Berührung mit Werbung, über die unterschiedlichsten Werbeträger und -mittel, was sich durch die neuen Medien noch verstärkt. Strategien, die die Rezipientinnen und Rezipienten vor allem auf der emotionalen Ebene ansprechen, bleiben besser im Gedächtnis. Diese Strategie ist zum einen besonders wirksam, da sie nicht bewusst als Werbestrategie wahrgenommen wird und zum anderen, da heutzutage eine Reizüberflutung an Marken und Produkten herrscht und die Werbetreibenden so ihre Produkte in der Erinnerung der Rezipientinnen und Rezipienten verankern können. Hier konnte festgestellt werden, dass Werbung nicht nur informativ sein soll, sondern auch mit Wünschen, Träumen oder auch Ängsten der Verbraucher spielt.

Zur Verbindung von Werbung und Kultur wurde gezeigt, dass durch fehlendes interkulturelles Wissen häufig Missverständnisse entstehen, die zu Ärger oder Peinlichkeit führen können, was sich durch das nötige Fachwissen und Verfahren wie beispielsweise die von Nielsen aufgezeigte Paralleltextanalyse vermeiden lässt. Bei der Untersuchung dieses Analyseverfahrens konnte zudem festgestellt werden, dass das Erstellen allgemein gültiger Analysekategorien in diesem Zusammenhang schwierig ist, weshalb bei jeder Analyse eine individuelle Anpassung und Erweiterung stattfinden sollte. Die Untersuchung von Sprache und Emotion hat die Wichtigkeit spezieller und teilweise in einer Kultur einzigartiger Emotionswörter deutlich gemacht. Hierbei konnte gezeigt werden, dass es unterschiedliche Emotionsqualitäten gibt, die in den einzelnen Kultur- und Sprachräumen variieren und wie wichtig die Möglichkeit des Emotionsausdrucks für Kulturen und Gemeinschaften sind und somit für das Zusammenleben der Menschen. Die unterschiedlichen Ansätze, die es zu eben dieser Verbindung von Sprache und Emotion gibt, wurden aufgezeigt: Der sozialkonstruktivistische Ansatz, der sagt: „Ohne Sprache keine Emotion", der nativistische und der universalistische Ansatz, die beide Emotionskonzepte als angeboren ansehen und der relativistische Ansatz, der von sprachlicher Diversität ausgeht und in eben dieser Diversität die Möglichkeit sieht, Emotion durch Sprache zu beeinflussen. Fühlen kann also durch die Fähigkeit, die Emotion durch Sprache mitzuteilen, beeinflusst werden.

Im dritten Kapitel stand das Thema Wahlwerbung im Fokus. Hier ist eine zunehmende Tendenz in Richtung Entertainisierung zu erkennen, es wird sogar von „Politainment" gesprochen. Für diese Art der Werbung sind Schlagwörter und Schlagbilder von besonderer Bedeutung. In diesem Kapitel wurde außerdem über die besondere Bedeutung des Mediums Plakat gesprochen. Es leitet die Wahlphase ein und ist überall im öffentlichen Raum für jeden Menschen zu sehen, ohne, dass man sich selbst Zugang dazu verschaffen müsste, wie es beispielsweise bei Onlinewahlwerbung der Fall ist. Damit ein Wahlplakat die gewünschte Wirkung erzielt, sollte es innerhalb weniger Sekunden die von der Partei angestrebte Botschaft vermitteln, dabei sind plakative Slogans, individuelle Bilder und Farben besonders wichtig, da man meist eine bestimmte Farbe mit einer bestimmten Partei verbinden kann, hier ist also auch Vorsicht bei der Farbwahl geboten. Zudem wird auf Wahlplakaten immer mehr mit den Emotionen der Wählerinnen und Wähler gearbeitet. Es wurden die fünf Bereiche von Kasová aufgezeigt (Sozialer und politischer Bereich, Bereich der Lebensqualität und der moralischen Werte und Sonstiges). Diese Bereiche sind sicherlich ein erster Ansatz, es besteht hier aber in jedem Fall die Möglichkeit, die Bereiche auszuarbeiten, voneinander abzugrenzen oder zu erweitern, da bei Weitem nicht alle Bereiche einbezogen wurden. Auch der letzte Bereich „Sonstiges" könnte etwas aussagekräftiger gestaltet werden.

Im vierten Kapitel folgte eine Untersuchung anhand einer eigens erstellten Auswahl an Wahlplakaten. Es konnte eine klare Tendenz in Richtung *Negative Campaigning* festgestellt werden, was vor allem in den USA seit Jahren eine beliebte Strategie ist. In Deutschland gibt es vereinzelt Parteien, die *Negative Campaigning* als Strategie nutzen, jedoch gehen die Darstellungen weniger gezielt gegen einzelne Personen, sondern vielmehr gegen Inhalte der jeweiligen Parteien. Es wurde außerdem festgestellt, dass humorvoll gestaltete Negativwerbung bei den Wählerinnen und Wählern besser ankommt und diese Wahlstrategie häufig negativ aufgenommen wird. Rechtspopulistische Darstellungen konnten in vielen Sprachräumen gefunden werden, wobei fast immer mit der Angst gespielt wird. Sie geht gegen Minderheiten, wobei Symbole wie etwa das schwarze Schaf oder aktuelle Geschehnisse verwendet werden, um Angst auszulösen. Außerdem konnte gezeigt werden, dass (stereotype) Geschlechterdarstellungen auch heute noch häufig verwendet werden. Dabei gibt es häufig Frauen, die sich als stark und emanzipiert darstellen, aber auch welche, die mit dem Aspekt der Erotik arbeiten, diese Darstellungen variieren in den einzelnen Kulturen je nach Konzept der Partei. Eine weitere Strategie spricht die Wählerinnen und Wähler an, die sich nach einem Gefühl von Sicherheit sehnen. Mit den Themen Zukunft, Umwelt, Familie und Kinder und auch Arbeit, werden Meschen angesprochen, die sich einen festen Arbeitsplatz und eine sichere Welt für ihre Familie wünschen. Das Gefühl von Vertrauen streben einige Wahlkandidaten durch die Darstellung der eigenen Nacktheit an. Sie vermitteln das Gefühl, nichts zu verbergen zu haben und eine „ehrliche Haut" zu sein. Einige der Bereiche passen in die Einteilung Kasovás, teilweise besteht aber, aufgrund der Vielzahl an Beispielen und Vergleichsmöglichkeiten, Bedarf, diese zu erweitern und gegebenenfalls in eigenständige Bereiche aufzuspalten, wie zum Beispiel die rechtspopulistischen Darstellungen.

Eine weitere Untersuchung könnte zeigen, wie genau sich *Negative Campaigning* entwickelt hat und wie die Tendenz in diese Richtung in Deutschland ist. Bisher gibt es fast nur Studien aus den USA und auch diese sind in ihren Ergebnissen nicht ganz eindeutig. Eine Untersuchung, die sich speziell diesem bereich widmet, könnte Aufschluss darüber geben, wie diese Strategie bei den Rezipientinnen und Rezipienten ankommt und wie wirkungsvoll *Negative Campaigning* ist.

Literaturverzeichnis

Baumgart, Manuela (1992): Die Sprache der Anzeigenwerbung. Eine linguistische Analyse aktueller Werbeslogans. Heidelberg (Physica), Konsum und Verhalten 37.

Bohrmann, H. (Hrsg.). (1984). Politische Plakate. Dortmund: Harenberg.

Crijns, Rogier (2012): Werbekommunikation empirisch. In: Janich, Nina (Hrsg.): Handbuch Werbekommunikation. Sprachwissenschaftliche und interdisziplinäre Zugänge. Tübingen: Narr, 321-339.

Diekmannshenke, Hajo (2012): Emotion und politische Kommunikation. In: Pohl, Inge/Ehrhardt, Horst (Hrsg.): Sprache und Emotion in öffentlicher Kommunikation. Frankfurt a.M.: Peter Lang, 315-335.

Dörner, A. (2001). Politainment. Politik in der medialen Erlebnisgesellschaft. Frankfurt/M.: Suhrkamp.

Focke, S. (2007). Politik-Marketing. Die Marketing-Strategien der beiden großen Volksparteien (CDU, SPD) im Bundestagswahlkampf 2002 mit Schwerpunkt auf Materialien der CDU (Europäische Hochschulschriften: Reihe 5, Volks- und Betriebswirtschaft, Bd. 3257). Frankfurt am Main: Lang.

Geise, S. (2011). Vision that matters. Die Funktions- und Wirkungslogik Visueller Politischer Kommunikation am Beispiel des Wahlplakats. Wiesbaden: VS Verlag für Sozialwissenschaften.

Geise, S./Brettschneider, F. (2010): Die Wahrnehmung und Bewertung von Wahlplakaten: Ergebnisse einer Eyetracking-Studie. In: Faas, T./Arzheimer, K./Roßteutscher, S. (Hrsg.): Information-Wahrnehmung-Emotion. VS Verlag für Sozialwissenschaften, 71-95.

Holtz-Bacha, C. & Lessinger, E.-M. (2010). Auge in Auge mit Kandidatinnen und Kandidaten. Emotionale Reaktionen auf Politikerplakate. In C. Holtz-Bacha (Hrsg.), Die Massenmedien im Wahlkampf. Das Wahljahr 2009 (S. 140 – 165). Wiesbaden: VS Verlag für Sozialwissenschaften.

Holtz-Bacha, C. (2006). Personalisiert und emotional. Strategien des modernen Wahlkampfes. Aus Politik und Zeitgeschichte 7, 11 – 19.

Holtz-Bacha, C. (2006). Negative Campaigning: in Deutschland negativ aufgenommen. Zeitschrift für Parlamentsfragen, 32(3), 669–677.

Holtz-Bacha, C. & Lessinger, E.-M. (2006). Politische Farbenlehre. Plakatwahlkampf 2005. In C. Holtz-Bacha (Hrsg.), Die Massenmedien im Wahlkampf. Die Bundestagswahl 2005 (S. 80 – 125). Wiesbaden: VS Verlag für Sozialwissenschaften.

Janich, Nina (2013): Werbesprache. Ein Arbeitsbuch (6. Aufl.). Tübingen: Narr.

Kasová, Martina (2014): Emotionalität im Wahlwerbetext. In: Vanková, Lenka (Hrsg.): Emotionalität im Text. Tübingen: Stauffenburg, 365-379.

Keil, Silke (2003): Wahlkampfkommunikation in Wahlanzeigen und Wahlprogrammen. Frankfurt am Main: Peter Lang.

Kick, Isabel (2004): Die Wirkung von Anglizismen in der Werbung. „Just do it" oder lieber doch nicht?. Paderborn: IFB Verlag,

Klimmt, Christoph/Netta, Petra/Vorderer, Peter (2007): Entertainisierung der Wahlkampfkommunikation. Der Einfluss von Humor auf die Wirkung negativer Wahlwerbung. In: Medien und Kommunikationswissenschaft 55, Heft 3, 390 – 411.

Kroeber-Riel, W. (1988): Strategie und Technik der Werbung. Verhaltenswissenschaftliche Ansätze. Stuttgart; Berlin; Köln.

Leidecker, M. (2010). Angreifende Plakatwerbung im Wahlkampf. Effektiv oder riskant ? In C. Holtz-Bacha (Hrsg.), Die Massenmedien im Wahlkampf. Das Wahljahr 2009 (S. 117 – 139). Wiesbaden: VS Verlag für Sozialwissenschaften.

Lessinger, E.-M. & Holtz-Bacha, C. (2010).» Wir haben mehr zu bieten «. Die Plakatkampagnen zu Europa- und Bundestagswahl. In C. Holtz-Bacha (Hrsg.), Die Massenmedien im Wahlkampf. Das Wahljahr 2009 (S. 67 – 116). Wiesbaden: VS Verlag für Sozialwissenschaften.

Lessinger, E./M.,/Holtz--Bacha, C. (2010): „Wir haben mehr zu bieten." Die Plakatkampagnen zu Europa- und Bundestagswahl. In: C. Holtz-Bacha (Hrsg.): Die Massenmedien im Wahlkampf. Das Wahljahr 2009. (67-116) VS Verlag für Sozialwissenschaften.

Moser, Klaus/ Spörrle, Matthias (2012): Werbekommunikation aus psychologischer Sicht. In: Janich, Nina (Hrsg.): Handbuch Werbekommunikation. Sprachwissenschaftliche und interdisziplinäre Zugänge. Tübingen: Narr, 423-437.

Müller, Katja/Gelbrich, Stefan (2004): Interkulturelles Marketing. München.

Müller. Wendelin G. (1997): Interkulturelle Werbung. Heidelberg.

Nielsen, Martin (2010): Werbekommunikation kontrastiv. In: Janich, Nina (Hrsg.): Handbuch Werbekommunikation. Sprachwissenschaftliche und interdisziplinäre Zugänge. Tübingen: Narr, 305-320.

Ortner, Heike (2014): Text und Emotion. Theorie, Methode und Anwendungsbeispiele emotionslinguistischer Textanalyse. Tübingen: Narr.

Podschuweit, Nicole (2016): Politische Werbung. In: Lischka, J. A./Siegert, G,/Weber, P./Wirth, W. (Hrsg.): Handbuch Werbeforschung. Wiesbaden: Springer, 635-669.

Podschuweit,N.(2007):WirkungenvonWahlwerbung:Aufmerksamkeitsstärke,Verarbeitung,Erinnerungsleistung und Entscheidungsrelevanz (Vol.49). München: Verlag Reinhard Fischer.

Römer,Christina (2012): Werbekommunikation lexikologisch. In: Janich, Nina (Hrsg.): Handbuch Werbekommunikation. Sprachwissenschaftliche und interdisziplinäre Zugänge. Tübingen: Narr, 33-49.

Schemer, C., Wirth, W. & Matthes, J. (2010). Kognitive und affektive Einflüsse auf Einstellungen in direktdemokratischen Kampagnen. In T. Faas (Hrsg.), Information Wahrnehmung Emotion. Politische Psychologie in der Wahl- und Einstellungsforschung (Schriftenreihe des Arbeitskreises » Wahlen und politische Einstellungen « der Deutschen Vereinigung für Politische Wissenschaften (DVPW), S. 277 – 290). Wiesbaden: VS Verlag für Sozialwissenschaften.

Schemer, C. (2009). Politische Kampagnen für Herz und Verstand. Affektive und kognitive Einflüsse der Massenmedien auf politische Einstellungen (Reihe Rezeptionsforschung, Bd. 19). Baden-Baden: Nomos.

Internetquellen

Bundeswahlleiter. (2012). Wahlwerbung. Verfügbar unter http://www.bundeswahlleiter.de/de/glossar/texte/Wahlwerbung.html. [zuletzt besucht am: 01.10.2016].

http://wirtschaftslexikon.gabler.de/Definition/werbung.html [zuletzt besucht am: 25.09.2016].

https://europa2009wahl.wordpress.com/2009/05/06/orginal-spd-wahlplakate-zur-europatagswahl-2009/ [zuletzt besucht am: 25.09.2016].